Lb 605

LETTRE
AU CITOYEN
ALPHONSE BEAUCHAMP,

Officier dans le onzieme Regiment d'infanterie.

CITOYEN, 1793

J'AI lu votre lettre adressée au peuple de la ci-devant principauté de Monaco, & je vous avoue franchement que j'ai été le plus surpris du monde, moi qui vous estimois, qui vous croyois de l'esprit & de la bonne foi, de connoître que vous n'aviez ni l'un ni l'autre. Comme j'ai toujours aimé la verité, je ne puis m'empêcher de la publier, pour désabuser un peuple qui a été trompé par vos expressions qu'il croyoit dictées par un vrai patriotisme & un amour pour le bien public, dans le tems qu'elles ne peuvent être que l'effet de la passion, de la haine, & de votre amour pour la discorde & la désunion. Lisez, mes réflexions, & jugez vous-même si je n'ai pas raison.

Vous commencez pour dire, que la révolution qui s'est operée à Monaco étoit nécessaire, mais qu'elle pouvoit se faire mieux. Vous dites beaucoup, & vous ne dites rien. L'homme le plus imbecille auroit pu dire, la même chose. Si vous aviez eu l'esprit, que vous vous plaisez à vous attribuer, ou vous auriez passé sous silence cette phrase, ou vous auriez expliqué en quoi la révolution pouvoit se faire mieux. Quant à moi, qui ne me flatte pas d'avoir autant d'esprit que vous croyez en avoir, je suis d'avis que la révolution ne pouvoit se faire mieux. En effet par elle le peuple à réconquit la plenitude de sa souveraineté, par elle il s'est montré digne d'être réuni à la république Française, dont l'appui lui étoit plus que nécessaire pour soutenir les droits qu'il venoit de reprendre. Enfin avec la révolution le peuple à nommé des représentants pour exercer provisoirement cette même souveraineté, qu'il n'auroit pu lui même exercer individuellement sans des inconvénients sans nombre. Je vous demande encore, citoyen Beauchamp, en quoi pouvoit se faire mieux la révolution ? Peut-être en vous nommant vous-même représentant du peuple ? Mais dans ce tems-là vous étiez peut-être encore dans les prisons du Piémont, ou si vous en étiez déjà sorti, le peuple de Monaco ne pouvoit vous connoître encore que par l'aie méprisant, qui vous distinguoit si bien, lorsque vous étiez en

A

service du Roi de Sardaigne & que vous veniez passer vos semestres à Monaco.

Mais je passe avant, & je lis dans votre lettre que vous avez vu *les intrigues, les vexations & les excès des faux patriotes*. Permettez-moi de vous dire, citoyen Beauchamp, que ce que vous dites est une preuve que vous n'êtes pas un bon citoyen. Votre devoir étoit de dénoncer les vexations & les excès dont vous avez été témoin, & les faux patriotes qui en étoient les auteurs. Je vous somme donc, au nom de la patrie, de faire cette dénonciation, de nommer les individus que vous connoissez pour des faux patriotes ; mais réfléchissez qu'en les nommant, je vous demande des preuves de leurs intrigues, de leurs vexations & de leurs excès : si vous vous y refusez, je dirai, avec ma franchise ordinaire, que vous êtes un calomniateur, & que vous n'avez eu d'autre but dans votre lettre que celui de faire perdre la confiance aux véritables patriotes pour la remettre entre les mains de vos amis, & en disposer à votre gré.

Vous dites en suite que *le peuple réuni en assemblées primaires nomma quatre représentants pour former une convention nationale, dont la mission & les pouvoirs étoient déterminés dans la proclamation imprimée à Monaco sous le titre de liberté, égalité, vivre libres ou mourir au peuple de Monaco, de Menton & de Roquebrune &c.*

Je ne puis voir dans ce paragraphe qu'une nouvelle preuve de votre ignorance, ou de votre mauvaise foi. Ne vous fâchez pas, citoyen Beauchamp, un homme libre doit dire la vérité, & je ne puis cacher ma façon de penser. Oubliez pour un instant votre amour propre, & vous verrez que j'ai raison.

Cette adresse, que vous nommez *proclamation*, fut faite par de très-bons patriotes, qui voulant secouer le joug du despotisme, & délivrer leur patrie de la tyrannie, invitèrent le peuple à reprendre sa souveraineté, & lui proposèrent les moyens qu'ils crurent les plus convenables pour en faire l'exercice. Mais les auteurs de cette adresse n'ont jamais eu la folle idée de prescrire au peuple, qu'ils reconnoissoient pour leur souverain, des règles & des loix pour exercer sa souveraineté ; & si vous l'avez cru vous n'êtes pas dans les vrais principes. Aucun, dans le monde, n'avoit le droit de donner au peuple de Monaco des loix pour l'exercice de sa souveraineté, & l'obliger à les suivre. Le peuple étoit donc le maître d'adopter dans ses assemblées primaires tel mode, & telle règle qui lui plaisoit, & n'étoit nullement tenu de suivre tous les articles contenu dans l'invitation qui lui fut faite préalablement. Tel est mon principe, tel doit être le principe de tout véritable républicain, & s'il n'étoit pas le vôtre, vous méconnoîtriez la souveraineté du peuple, & vous seriez un rebelle.

Guidé par ce principe sacré, vous auriez dû vous dispenser de transcrire, dans votre lettre, plusieurs articles de la susdite adresse, pour déterminer la mission & les pouvoirs des représentans du peuple ; & vous auriez dû recourir aux procès verbaux dressés dans les assemblées primaires de ce même peuple. Vous auriez trouvé qu'il *avoit délégué à ses représentants des pouvoirs amples & illimités, pour faire, en son nom tout ce que lui-même auroit pu faire, s'il eut été individuellement présent.* Comment donc avez-vous eu l'effronterie de publier que les bases énoncées dans l'adresse faite au peuple de la ci-devant principauté de Monaco, avant ses assemblées primaires, furent les limites que ce même peuple assigna à ses représentants, quand les procès verbaux vous prouvent le contraire ? Je conçois que si vous aviez dit la vérité, & que vous n'eussiez pas pris soin de cacher ce qui pouvoit démasquer votre but, vous n'auriez pas pu tromper le peuple ; vous n'auriez pas pu lui insinuer, avec succès, de la défiance pour ses meilleurs amis & pour ses plus zélés défenseurs ; vous n'auriez pas pu lui faire regretter, pour ainsi dire, ses anciens oppresseurs ; & vous auriez manqué votre coup. Mais moi qui me flatte d'être l'ami du peuple, qui n'ai d'autre but que son bonheur, je dois lui dire la vérité, & le convaincre que vous lui en avez imposé. Oui, citoyen Beauchamp, vous lui en avez imposé ; & votre imposture est d'autant plus méchante que vous vous en servez pour démontrer les représentants du peuple *comme des usurpateurs, qui ayant franchi avec impudeur les bornes, qui leur étoient imposés, anéantirent la volonté du peuple, & donnerent l'exemple scandaleux de l'infraction & de la violation des principes.* Si les représentants du peuple avoient été investis des pouvoirs illimités ils ne pouvoient en usurper aucun : oui, citoyen Beauchamp, les pouvoirs de la Convention nationale étoient illimités, & n'avoient d'autres bornes que l'injustice. Vous avez donc tort de tant crier à la cumulation des pouvoirs, à l'usurpation d'autorité. Le peuple a revêtu ses représentants de sa souveraineté toute entiere ; il ne les a pas restreints à telle ou telle fonction ; il les a déléguées toutes en masse, & les représentants devoient, sous leur responsabilité, exercer celles qui pouvoient contribuer à son salut. C'est donc mal à propos que votre esprit a confondu les devoirs & les pouvoirs d'une Convention nationale, avec ce qui peut & doit une assemblée législative ordinaire. Vous n'auriez pas dû ignorer la différence qui existe entre ces deux corps politiques, dont l'un est revêtu de toute la souveraineté nationale, & l'autre n'en exerce qu'une partie. Cependant avec toute la plénitude des pouvoirs, dont les représentants du peuple étoient investis, ils n'en ont jamais abusé. Le maintien de la liberté & de l'égalité, & le salut du peuple ont été la seule regle de leur conduite, & ont dictés tous leurs décrets. Lisez-les, citoyen Beauchamp, ces décrets, & rougissez de vos calomnies.

Mais votre imagination délirante ne se repose pas encore, & portant ses regards insensés sur le comité des finances établi par la convention nationale, l'accuse d'avoir dilapidé les deniers publics, & les biens nationaux. Je vous somme encore d'en donner des preuves ; vous avancez des faits, je vous les nie, vous devez les prouver, sans cela je vous livre au mépris qu'un calomniateur doit inspirer aux personnes qui conservent une ame honnête & juste.

Vous ne vous lassez pas dans vos accusations, citoyen Beauchamp, & cependant je suis déjà fatigué de vous découvrir pour un calomniateur & pour un imposteur à chaque ligne de votre lettre. *Les impôts*, dites-vous, *ne furent point abolis*. Vous mentez, citoyen ; aucun impôt n'a été payé depuis la révolution. *Les priviléges exclusifs*, dites-vous, *furent conservés* : vous mentez encore ; aucun privilége exclusif n'a été conservé. *Les affaires d'administration*, ditez-vous, *& de finances se firent sourdement & mysterieusement* : vous mentez encore, citoyen Beauchamp ; la publicité a toujours accompagné les opérations de la convention nationale. *Les emplois de regie*, ditez-vous, *furent donnés, dispensés arbitrairement par le triumvirat financier* : vous mentez encore, citoyen Beauchamp ; le comité de finance n'a jamais donné des emplois de regie.

Vous dites enfin une vérité, citoyen Beauchamp ; c'est qu'une partie de la vaisselle plate du ci-devant prince a été vendue ; mais vous la dites d'une manière à faire croire que cette vente a tourné au profit de ceux qui l'ont décrétée. Nouvelle imposture, citoyen Beauchamp ; ce n'est pas de cette façon qu'on rapporte les faits & qu'on cherche à corrompre la confiance publique. Vous auriez dû dire, que la ci-devant principauté se trouvait à la veille de manquer de pain, que les communes étoient sans ressource pour acheter du bled, que la caisse nationale bien loin d'en fournir, étoit arrierée de plus de dix mille francs, ainsi qu'il en constait par l'état présenté par votre bon ami & parent Hancy, payeur de ladite caisse, & que la convention nationale devoit considérer comme un premier objet de sa sollicitude la subsistance du peuple & prendre tous les moyens pour y pourvoir. Voilà tous ce que vous auriez dû dire, & le peuple au lieu de croire que la convention avoit décrété la vente d'une partie de la vaisselle pour son propre intérêt, auroit vu & connu, que l'intérêt seul du même peuple l'auroit nécessitée, & si vous aviez tenté de lui prouver le contraire, il vous auroit reconnu pour ce que vous êtes.

Vous alleguez encore, pour faire une plus grande impression sur les esprits foibles, que *la vaisselle a été vendue à vil prix à des juifs de Nice*. Si je pouvois m'écarter un moment de mon but, celui de découvrir tous vos mensonges, je vous demanderois si les juifs ne sont pas des citoyens,

& pourquoi vous qui fingez tant le patriote, au lieu de vous fervir de ce titre honorable, vous leur en donnez un qui les diftingue de tous les autres citoyens, & qui fous le règne de la tyrannie les rendoit le jouet des defpotes & de leurs efclaves ? Je vous demanderois encore fi vous avez repris cette petite ambition héréditaire qui vous faifoit croire au-deffus des autres, & dont vous fembliez en apparence corrigé depuis votre emprifonnement dans le fort de Ceve ? Mais ce n'eft pas cela qui m'intéreffe, c'eft la vérité que je cherche, & que je veux découvrir fur ce que vous avancez à l'égard de la vaiffelle que vous dites *vendue à vil prix*.

Une longue difcuffion occupa la convention dans fa féance du 10 février, relativement au mode d'exécuter fon précédant décret fur la vente de la vaiffelle pour la fomme de 48000 livres. Après des longs débats, la convention décréta d'attendre, avant de prendre aucune détermination définitive, les réponfes des lettres qui avoient été écrites à Gènes, & à Marfeille, pour avoir des informations fures fur le parti le plus avantageux qu'on pourroit tirer de ladite vente. Dans la féance du 14 du même mois, un certain Salomon Polonais, au nom du citoyen Levi de Nice, propofa d'acheter la quantité de vaiffelle dont la vente avoit été décrétée, & après différentes offres fur le prix, il tabla celui de 46 livres tournois le marc, y compris le vermeil ; la convention ne voulut pas l'accepter dans le moment, pour attendre lefdites réponfes de Gènes & de Marfeille, & en décréta l'ajournement à huitaine. C'eft enfin dans la féance du 20 février après avoir été informée qu'on ne trouveroit pas à Gènes un prix auffi avantageux que celui du citoyen Polonais, & qu'à Marfeille on ne vouloit pas s'en charger, que la convention décréta d'accepter l'offre de Polonais.

Et c'eft d'après de telles mefures & de telles précautions, citoyen Beauchamp, que vous ofez dire que la vaiffelle fut vendue à vil prix ? Que devoit-elle faire d'avantage la convention que de prendre des informations dans les deux plus commerçantes villes de l'Europe, pour déterminer fes opérations à l'égard de la vente de l'argenterie ? Et que devoit-elle faire, lorfqu'elle fut inftruite qu'on n'auroit pas trouvé dans ces deux villes opulentes un prix plus avantageux que celui offert par le citoyen Polonais, fi non de l'accepter ? Toutes les démarches ouvertes & publiques de la convention nationale à ce fujet, ne valent-elles pas davantage que l'encan, que vous paroiffez regretter, citoyen Beauchamp, qui n'auroit fervi dans un pays où les fortunes font très-bornées, qu'à occafionner des fraix inutiles, & à donner des prétextes au citoyen qui s'étoit préfenté pour en faire l'acquifition, de profitter de la détreffe des finances, de l'embarras & des besoins du peuple, pour retirer son offre, dans l'espoir d'obtenir la vaisselle à un prix inférieur ? mais la *vaisselle de vermeil*, vous dites, *fut vendue au même prix que celle d'argent*, pour faire accroire qu'elle a été vendue à moins de ce qu'elle valoit. Je pourrois vous répondre aussi que la vaisselle d'argent a été vendue au même prix que celle de vermeil, si je voulois faire accroire qu'elle a été vendue à un prix supérieur de ce qu'elle valoit. Mais je ne suis pas accoutumé à tromper personne, & je ne m'écarterai jamais de la vérité. L'argent & le vermeil ont été vendus au même prix de 46 livres le marc, l'un dans l'autre. Ainsi vous auriez dû dire dans votre lettre au peuple, si vous ne vouliez point le tromper, que le vermeil séparé de l'argent auroit pu être vendu à un prix un peu plus avantageux, mais aussi que l'argent séparé du vermeil auroit été vendu à un prix inférieur, d'autant plus que beaucoup de celui-ci étoit au coin de Gênes, de façon que tout bien compté on a trouvé un avantage à les confondre ensemble, & à faire un prix commun. Voilà, citoyen Beauchamp, le langage qu'un homme honnête, un citoyen sans autre passion que celle du bien public, auroit dû tenir au peuple. Vous auriez dû dire aussi, que du produit de ladite vaisselle, 14000 livres ont été données à titre d'emprunt à la municipalité de Monaco, 16000 à celle de Menton, & 8000 à celle de Roquebruna, à l'effet que ces trois municipalités pussent acheter du bled & pourvoir à la subsistance de leurs communes respectives. Mais vous étiez du parti de ceux qui tentoient depuis quelques tems de renverser l'ordre, & d'avilir pour y réussir, la convention nationale, pour profiter de sa défaite, & vous n'avez consulté que l'esprit de parti pour faire imprimer un tissu de mensonges & des calomnies contre les membres qui la composoient.

C'est dans cet esprit, que vous prouvez une grande satisfaction à dire que *déjà Menton ne reconnoissoit plus cette prétendue Convention nationale, & la regardoit comme illégale & usurpatrice*. Mais vous dites mal ; dites plutôt que quelques individus de Menton gênés par l'autorité surveillante de la Convention Nationale, tentoient tous les ressorts pour la sécouer, & s'ériger en despotes ; Dites aussi, que les bons citoyens de Menton, qui en forment la très-grande majorité, & que vous avez l'imprudence d'appeller *peuple grossier* dans votre lettre pag. 8, ont été bien loin de participer à un acte de revolte contre la souveraineté nationale. Ces braves citoyens savoient que les représentants de la Convention nationale étoient les représentants du peuple entier de la ci-devant principauté, & qu'une section de ce peuple, une commune isolée n'avoit le droit de retirer des pouvoirs délégués par la totalité des communes, & par le peuple entier. Ils ont gémis les bons citoyens de Menton de voir une poignée d'individus méconnoître la souveraineté nationale, & usurper, avec audace, une autorité qui n'appartenoit qu'au peuple. La municipalité de Monaco en fut indignée, & exprima hautement son horreur contre la conduite coupable de la municipalité de Menton.

Vous dites, citoyen Beauchamp, *que la municipalité de Monaco à été obligée de se courber aux ordres des intriguans dominateurs*. Nouvelle imposture de votre part. Le fil de votre discours fait comprendre, que sous le titre *des intrigans dominateurs*, vous entendez parler des membres de la Convention nationale. Pour moi je n'ai jamais connu des intrigans dans cette convention, pour dominer; je n'y ai jamais vu qu'une louable émulation pour faire le bien, & soutenir les droits du peuple. J'ai bien vu des intrigues, j'ai bien connu des manœuvres, mais je ne les ai vues que parmi quelques êtres vils qui gênés par la sévérité des principes de la Convention nationale auroient voulu l'anéantir; je ne les ai vues que parmi certains petits esprits, qui croyant de faire un marché de la révolution pour leur intérêt particulier se flattoient d'avoir des emplois dont ils étoient incapables, & enragés d'avoir vu donner la préférence à d'autres, ne s'occupoient que de critiquer, & calomnier ceux qui en furent revêtus; je ne les ai vues enfin que parmi les ennemis de la liberté, qui n'ayant pu empêcher la révolution prenoient le masque du patriotisme, pour mieux réussir à la faire retrograder, & à faire perdre la confiance à ceux qui en étoient les principaux soutiens. Voilà, citoyen Beauchamp, les intrigues, & les manœuvres qui n'ont pas échappé à un œil patriote. Celles dont vous inculpez la Convention nationale pour dominer sur la municipalité de Monaco, sont des chimères, sont des inventions que vous avancez gratuitement & sans aucune preuve.

Pour peu que vous eussiez reflechi, vous auriez compris, que la Convention n'avoit pas besoin d'intrigues pour dominer sur la municipalité; elle n'avoit besoin que des principes, qui constituoient ses pouvoirs au dessus de ceux de la municipalité. C'est aux principes donc, à la raison, & à la justice que la municipalité de Monaco *s'est courbée*, quand elle a déclaré réconnoître l'autorité de la Convention nationale, & a improuvé la conduite de celle de Menton rebelle à ces mêmes principes. Mais déjà vous voilà découvert, citoyen Beauchamp, voilà votre patriotisme que vous vous plaisez tant à vanter, connu sous son véritable point de vue. Vous approuvez la conduite de la municipalité de Menton, qu'au mépris de toutes les loix avoit tenté de sécouer le joug de l'autorité légitime de la Convention nationale, pour usurper une domination despotique, & vous osez vous dire patriote? votre patriotisme consiste donc à violer les loix, a méconnoître la souveraineté du peuple, & les représentants auxquels il en a délegué l'exercice, à mettre la division entre les communes, à approuver la rebellion des autorités subalternes contre les supérieures à susciter, en un mot, l'insubordination, le désordre & l'anarchie? Si tel est votre patriotisme, citoyen Beauchamp, je désire de tout mon cœur que vous alliez le propager dans les états des ennemis de la république, & l'amour de ma patrie m'oblige à faire des vœux pour que l'armée Française soit purgée d'un tel patriote. La municipalité de Menton a eu plus de bon sens que vous, citoyen Beauchamp, elle a reconnu son erreur, elle a reconnu l'autorité de la Convention nationale, que dans un moment d'égarement elle avoit feint de méconnoître. Elle n'a pas été récalcitrante aux ordres de la Convention nationale, qui à la veille de sa dissolution a eu la fermeté de la rapeller à ses devoirs, & à l'obéissance aux loix.

La Convention nationale a eu la douce satisfaction de faire respecter jusqu'au dernier moment de son existence l'autorité dont le peuple l'avoit investie, & d'en avoir usé pour maintenir ses droits fondés sur la liberté & l'égalité.

Et c'est une telle fin, que vous vous avisez, citoyen Beauchamp, de nommer, avec votre mépris ordinaire, *une agonie, une mort triste?* L'homme ne doit jamais être triste quand il a fait son devoir, le témoignage d'une conscience pure tient lieu de tout à l'homme honnête. Si vous ne connoissez pas cette douce satisfaction, j'en suis fâché, mais je suis forcé de vous dire que vous ne devriez jamais parler de *remuer la fosse*, puisque il n'y a personne qui ait tant fait ce métier que vous, depuis que le Roi de Sardaigne vous avoit confiné dans le fort de Ceve; & si à force des singeries d'hypocrisie & de dissimulation vous êtes parvenu à une resurrection, à laquelle vous n'auriez jamais dû vous attendre; au moins, vous auriez dû vous épargner de traiter *de ridicule* la nouvelle dénomination *d'administration provisoire* donnée à la Convention nationale, qui a dû nécesairement finir ses fonctions législatives du moment que la réunion du peuple, qu'elle représentoit à la république françoise à été proclamée.

Le nom d'administration provisoire a été donné aux membres, qui composoient la ci-devant Convention, par les commissaires de la Convention nationale de France, revêtus par elle de tous les pouvoirs pour l'organisation du département des Alpes Maritimes, dont la ci-devant principauté de Monaco fait partie; & vous osez traiter de ridicule une opération de ces mêmes commissaires? Permettez que je vous le dise, citoyen Beauchamp, c'est pousser l'impudence à son dernier degré.

Vous méprisez tout le monde, & vous n'avez pas même de respect pour les représentans de la nation Françoise, de cette nation généreuse, qui si n'avoit pas eu pitié de vous en vous accordant un emploi dans ses armées, vous n'auriez d'autre ressource aujourd'hui que le désespoir, & la vie vous seroit à charge. Mais pourquoi m'efforcé-je de vous rappeler des sentimens honnêtes & généreux, quand vous n'avez pas oublié dans vos diatribes, & dans vos impostures, ceux-même qui vous ont rendu des grands services, & que vous avez payé par la plus noire ingratitude?

Cependant avant de finir cette lettre, je ne veux pas passer sous silence une autre imposture, dont vous vous rendez coupable dans votre lettre *au peuple de Monaco*. Vous voulez faire croire, que la discorde fomentée dans Monaco & Menton presque à la même époque, est le fruit de l'administration. Premierement je dois vous dire que je ne vois aucun intérêt pour l'administration de fomenter des troubles, quand même elle auroit eu des principes aussi pervers que vous voulez lui supposer. Secondement le fait prouve le contraire. N'est-ce pas l'administration qui s'est empressée de faire mettre un terme à ces motions contraires à la loi, que certains individus firent dans quelques assemblées convoquées dans l'église parossiale de Monaco? N'est-ce pas l'administration & les membres qui la composoient, qui étoient l'objet des propos indécens des chefs de ces assemblées? N'est ce pas la même administration, qui, informée des désordres, auxquel le peuple de Menton, irrité par les actes illégaux de cette Municipalité, s'étoit livré, n'eut d'autre empressement que celui d'envoyer deux de ses membres avec une force armée, que lui accorda le citoyen commandant de la place, pour rétablir l'ordre, & pourvoir à la sureté du maire qui étoit menacé par la multitude égarée? Donc vous avez tort, citoyen Beauchamp, de vouloir faire accroire que ces désordres furent fomentés dans les deux villes par les intrigues de l'administration, qui au contraire n'a épargné aucun soin pour les calmer, & qui a été ensuite calomniée pour avoir fait son devoir & obéi à sa conscience. Mais vous dites bien que le fil partoit du même ressort; vous devez en être bien instruit, car vous avez joué dans cette scene votre personnage. La coalition des prétendus patriotes de Menton, & qui ne faisoient consister leur patriotisme qu'à ne vouloir reconnoître aucune autorité au-dessus d'eux & à dominer despotiquement par la terreur & la crainte, chercha à s'étendre jusqu'à Monaco, & de là cette guerre ouverte déclarée à l'administration pour l'avilir, & pour l'anéantir. Mais tous ces efforts des mauvais citoyens ont dû échouer & échoueront encore contre le rocher de la loi, sur lequel se repose tranquillement l'administration, fiere d'avoir rempli toujours ses devoirs, sans aucune autre considération que celle du bien public. Si l'ingratitude sera ensuite sa récompense, elle ne jouira pas moins de la douce satisfaction d'avoir fait le bien.

Je vais maintenant finir ma lettre déjà trop longue, en dévoilant votre esprit d'insubordination & de révolte. Vous saviez que les citoyens de la ci-devant principauté de Monaco avoient été convoqués en assemblées primaires pour le 24 du mois de mars, par une proclamation des commissaires de la Convention nationale au département des Alpes Maritimes, à l'effet de procéder à la nomination des nouvelles municipalités. Et vous, audacieux, que faites-vous, citoyen Beauchamp ? Vous invitez les citoyens à désobéir à la proclamation des commissaires, à négliger l'objet, pour lequel ils sont convoqués, & à s'occuper de ce qui y étoit totalement étrange. *Dans vos prochaines assemblées primaires, dites-vous aux citoyens, prenez pour premiere déliberation, que le peuple de la ci-devant principauté de Monaco exige que la ci-devant Convention nationale, aujourd'hui l'administration provisoire rende un compte public de le gestion, de l'administration des biens déclarés nationaux.* De quel droit, homme téméraire, osez-vous prescrire aux citoyens des regles différentes de celles que les commissaires de la Convention nationale leur ont assignées ? De quel droit, osez-vous les inviter à négliger celles des représentants du peuple, pour, suivre les vôtres ? Ignorez-vous, insensé que vous êtes, qu'il n'y a plus de peuple de la ci-devant principauté de Monaco, & qu'il n'y a plus qu'un seul peuple, celui de toute la république dont la volonté générale exprimée par ses représentans forme la loi, à laquelle doivent obéir tous les citoyens qui composent ce même peuple ? mais à votre témérité vous ajoutez encore la mauvaise foi la plus raffinée. Vous voulez persuader que la ci-devant convention a eu l'administration des biens déclarés nationaux.

Et moi je dois vous dire, que ni la ci-devant convention ni aucun de ses membres n'a jamais touché un liard appartenant à la ci-devant nation de Monaco. Le citoyen Hancy nommé par cette même convention payeur de la caisse nationale, a toujours fait l'état de recette & de dépense, & un seul denier n'a été reçu ou payé, qu'il n'ait été reçu ou payé par le payeur de la caisse. Le citoyen Hancy donc qui s'est chargé de si bonne grâce, & mysterieusement, de corriger l'impression de votre lettre, auroit pu vous dire la vérité là dessus, & vous épargner une nouvelle imposture, & s'épargner lui-même d'en être complice.

Les livres de ce payeur seront dans tous les tems la justification de la ci-devant Convention nationale relativement à l'administration des biens nationaux que vous lui attribuez. Quoiqu'il en soit, citoyen Beauchamp, soyez sûr, que les membres de la ci-devant convention seront toujours prêts à rendre un compte exact & public de leur conduite, & soyez persuadé que vous ne les épouventés pas en demandant ce compte, je ne sais pas si vous auriez autant de facilité à rendre les vôtres dans toutes les villes du Piémont où vous avez été en garnison, quand vous étiez au service du Roi de Sardaigne. Mais vous sentez bien, citoyen Beauchamp, que ce n'est pas à vous que le compte de la ci-devant convention doit être rendu, ni à ceux que vous pouvez déléguer pour cela. La ci-devant convention ne peut vous réconnoître que comme un simple citoyen qui ayant cherché à tromper les autres, par des mensonges, des calomnies & des impostures, ne mérite que le mépris de tous les hommes qui ont des principes d'honneur. Vous serez fâché peut-être contre moi, & la vérité aura blessé votre amour propre, dont vous avez une si bonne dose ; mais je ne sais qu'y faire ; je ne sais pas dissimuler ma façon de penser, au reste, citoyen Beauchamp, que vous vous fâchiés, que vous ne vous fâchiez pas, cela m'est fort égal : je méprise autant votre indifférence, que les efforts impuissents de votre courroux ridicule.

P. S. Dans le tems que ma lettre étoit sous la presse, j'ai sçu, citoyen Beauchamp, que vous aviez honteusement déserté votre poste, & qu'à toutes les qualités déshonorantes dont vous étiez déjà si bien farci, vous avez ajouté celle d'être un lâche. Cette seule action fait connoître votre prétendu patriotisme qui n'a servi à Monaco que pour calomnier les véritables patriotes & tromper la bonne foi des citoyens qui avoient été égarés par les apparences trompeuses que vous aviez sçu si bien emprunter. Je félicite l'armée Française de cet heureux événement qui la purge d'un lâche & d'un imposteur : seulement je regrette de ne pas en avoir eu connoissance plutôt, car j'aurois avancé la peine de justifier la conduite de la ci-devant convention, aujourd'hui administration provisoire. La lâcheté que vous venez de commettre, étoit la plus belle reponse qu'on pouvoit faire à ce tissu de calomnies que vous avez forgé dans votre imagination délirante, pour mettre le trouble & le désordre dans un pays qui commençoit à goûter les charmes de la liberté. Je finis donc & je vous laisse avec tout le mépris qu'un homme comme vous peut inspirer à un véritable républicain, qui ne connoît d'autre devoir que celui d'aimer sa patrie & de la défendre jusqu'à la mort.

STRAFORELLI.

A Nice chez COUGNET PERE ET FILS, Imprimeurs du Département des Alpes Maritimes.

www.ingramcontent.com/pod-product-compliance
Lightning Source LLC
Chambersburg PA
CBHW070543050426
42451CB00013B/3154